Gottes Segen

zur Konfirmation

FÜR

_____

VON

_____

Bittet Gott, und er wird euch geben!
Sucht, und ihr werdet finden!
Klopft an, und euch wird die Tür geöffnet!

Denn wer bittet, der *bekommt.*
Wer sucht, der *findet.*
Und wer anklopft, dem wird *geöffnet.*

Matthäus 7,7–8

MEINE Konfirmation

Foto- und Erinnerungsbuch

Butzon & Bercker

Das bin ich!

Mein größter Wunsch:

....

....

....

Mein Name: ....

Mein Geburtsdatum: ....

Meine Stärken: ....

....

Meine Schwächen: ....

....

Meine Schule: ....

Meine Klasse: ....

Meine besten Freunde: ....

....

....

Das mache ich
am liebsten:

....

....

....

Mein Lieblingsfilm: ....

Mein Lieblingsbuch: ....

Mein Lieblingssong: ....

Sei du selbst!

Du bist so *gewollt*,
du im Original, von Gott reich beschenkt
mit deinen Fähigkeiten, mit deinem Aussehen.
Sei du selbst!

Finde *deinen eigenen Weg*,
passe dich nicht irgendwie an, weil es bequemer scheint.

Sei du selbst!
Sage nichts, glaube nichts, tu nichts, nur um anderen zu gefallen,
wenn es deinem *Gewissen* widerstrebt.

Sei du selbst!
Und du hast *den ersten Schritt* in ein erfülltes Leben getan.

Wegbegleiter

Das ist meine Familie

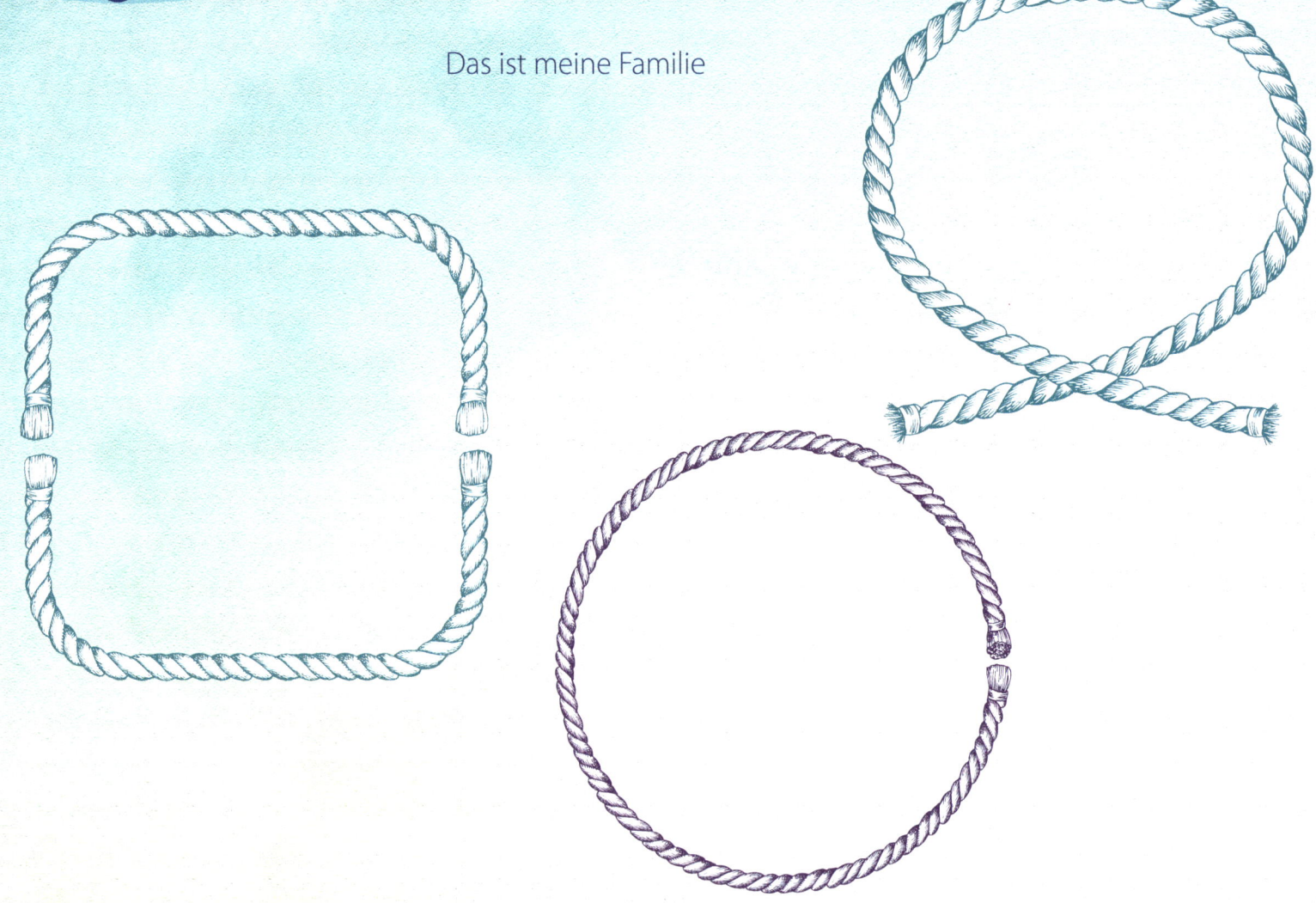

Unsere Gemeinsamkeiten:

_____

....

....

Meine
Taufe

Am .... feierten wir meine Taufe in der .... -Kirche

in ....

Ich wurde von .... getauft.

Meine Taufpaten sind ....

....

Mein Taufspruch lautet: ....

....

....

....

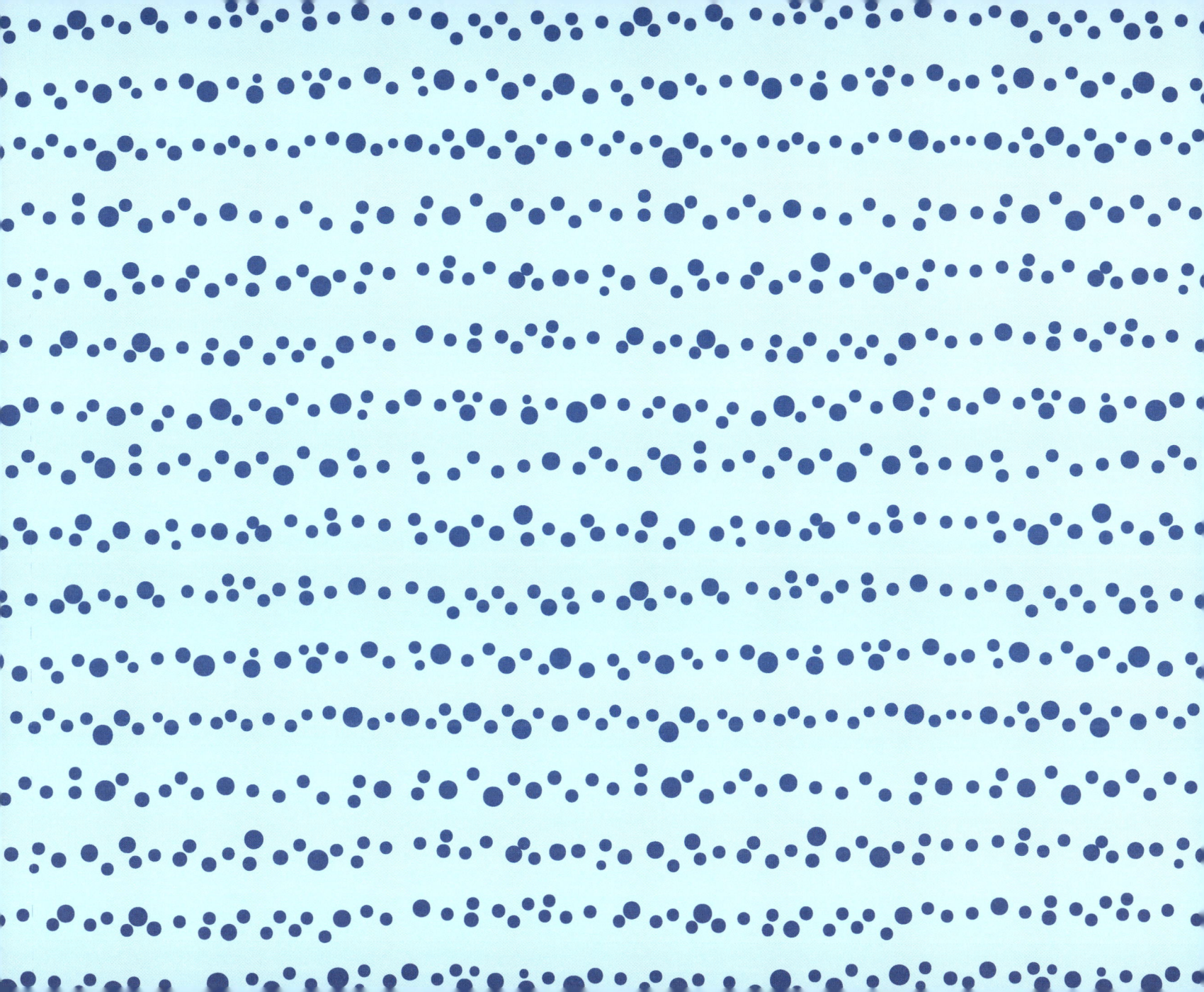

Das schönste Foto meiner Taufe:

Die Taufe ist ein grosses Ja.
Du bist angenommen, so wie du bist.
Du bist gewollt, alles ist gut.
Du bist willkommen auf Erden.

In der Taufe spricht Gott sein grosses Ja an dich.
Sein Wort erwartet eine Antwort:
Dein *Ja* der Konfirmation.

Meine Konfirmandenzeit

Mein Konfirmandenunterricht begann am ....

Wir haben uns immer .... getroffen.

Die *Gruppe* wurde geleitet von:

....

....

Dieses Thema ist mir besonders in Erinnerung geblieben:

....

....

....

....

Das waren die lustigsten Momente: ....

....

....

Mein
persönliches
Highlight:

....

....

....

Bei diesen Aktionen in meiner Gemeinde habe ich während meiner Konfirmandenzeit mitgemacht:

....

....

....

Unsere

Konfirmandenfreizeit

Vom .... bis .... fand unsere Konfi-Freizeit statt.

Wir sind nach .... gefahren.

Ich habe mir
das *Zimmer* **mit**

....

....

geteilt.

Die Freizeit stand
unter dem *Motto:*

....

....

Das haben wir gemacht:

....

....

....

....

Das hat mir gar nicht gefallen:

_____

Das hat mir am meisten Spaß gemacht:

_____

Ein ganz
besonderer Moment
war für mich:

_____

_____

_____

Unterkunft: ☆ ☆ ☆ ☆ ☆
Essen: ☆ ☆ ☆ ☆ ☆
Umgebung: ☆ ☆ ☆ ☆ ☆

Das beste Spiel: _____

_____

Das schönste Lied: _____

_____

Der *Leib Christi,* das sind wir: Du und ich und alle hier.
Eine Gemeinschaft, zusammengeschweisst durch
Gottes Liebe, die Taufe, den Geist.
Keiner kann alles und niemand kann nichts,
alle sind wir doch die Strahlen des Lichts.

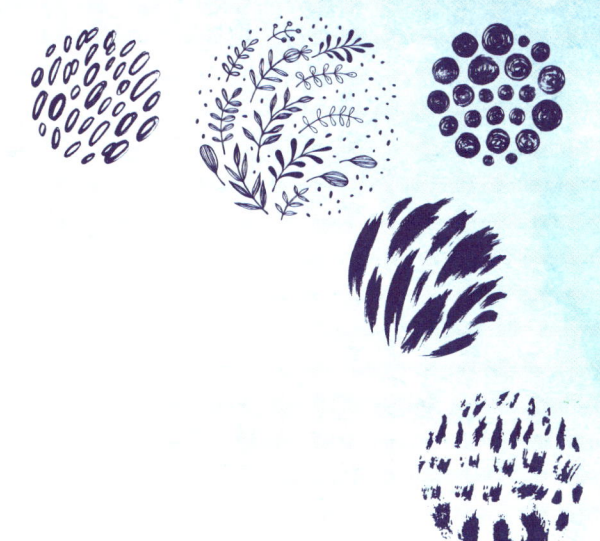

Confirm your booking

So schließt man im Internet die Buchung eines Fluges oder Hotelzimmers ab: „confirm" – das heißt: „bestätigen".

Die Konfirmation ist die Bestätigung deiner Taufe. Damals haben deine Eltern und Paten bestimmt, dass du getauft wirst. Nun hast du selbst entschieden und JA gesagt zum Glauben an Gott.

DU HAST DICH AUF DEN WEG GEMACHT:
GLAUBEN BEDEUTET NICHT ANKOMMEN,
SONDERN LOSGEHEN.
WER DAS *Vertrauen auf Gott* WAGT,
LÄSST SICH AUF EIN ABENTEUER EIN,
DAS WUNDERBARE ERFAHRUNGEN BEREITHÄLT.

Der Reformator Martin Bucer hat 1539 in der Kirchenordnung vom nordhessischen Ziegen-hain die Bedeutung der Konfirmation so umrissen: sie …

» BETONT DIE WICHTIGKEIT DER TAUFE,

» FÜHRT IN DIE GRUNDLEGENDEN THEMEN DER CHRISTLICHEN LEHRE EIN,

» FORDERT DAS BEKENNTNIS DER KONFIRMANDINNEN UND KONFIRMANDEN,

» GESCHIEHT UNTER HANDAUFLEGUNG UND FÜRBITTE.

Früher war damit auch die Zulassung zum Abendmahl verbunden, heute sind Konfirmierte in den meisten Kirchen wahlberechtigt bei kirchlichen Wahlen. Die Konfirmation macht also kirchlich „erwachsen".

Mein Vorstellungsgottesdienst

Am .... wurde meine Konfirmandengruppe

der Gemeinde im Gottesdienst vorgestellt.

Meine Gemeinde heißt: ....

....

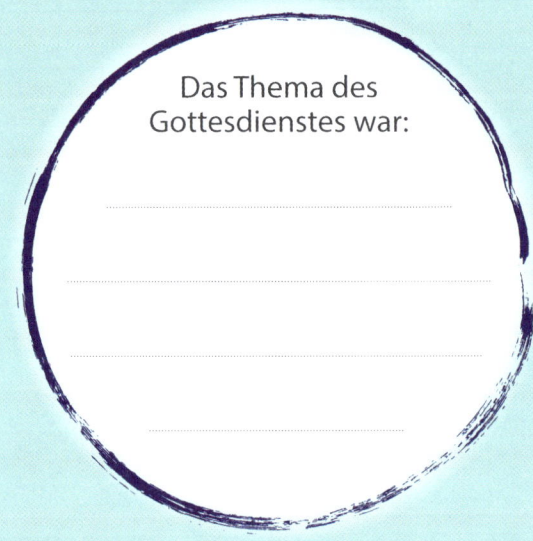

Das Thema des Gottesdienstes war:

....

....

....

Das hat mir *besonders* gut gefallen:

....

....

....

So habe ich den Gottesdienst mitgestaltet:

....

....

....

Meine Fotoleiste

Faith
LOVE
Hope

Die Konfirmation ist nicht das Ziel, sondern nur eine *Zwischenstation*. Der Weg des Vertrauens geht weiter, so lange du lebst. Du wirst dich verändern – und mit dir dein Glaube. Das muss so sein.

Der Tag
meiner Konfirmation

Das bin ich vor dem Konfirmationsgottesdienst:

SO AUFGEREGT WAR ICH:

1   2   3   4   5   6   7   8   9   10

Am _____ um _____

wurde ich in der _____ -Kirche in _____

von _____ konfirmiert.

Mein Konfirmationsspruch

_____

_____

_____

Ich habe diesen Spruch ausgewählt, weil

Warum mir die Konfirmation wichtig ist:

_____ _____

_____ _____

_____ _____

Der Gottesdienst

Das Thema des Gottesdienstes lautete:

_____

_____

♪

Das beste *Lied*

_____

_____

_____

Meine Erinnerungen an den Gottesdienst:

....

....

....

....

Zusage

GOTT WIRD *das gute Werk,*
DASS ER AN DIR BEGONNEN HAT,
AUCH *vollenden.*
Alle Tage DEINES LEBENS
SEI ER DIR *Schirm*
und Schutz und Stärke:

IM NAMEN DES VATERS
UND DES SOHNES
UND DES HEILIGEN GEISTES.

Der Friede sei mir dir.

Ich bin das *Licht der Welt.*
Wer mir nachfolgt, der wird nicht wandeln in der Finsternis,
sondern wird das Licht des Lebens haben.

Johannes 8,12

Ich habe Ja gesagt:
ZU GOTT, ZU JESUS
UND ZUM CHRISTLICHEN GLAUBEN.

Meine Feier

Nach dem Konfirmationsgottesdienst haben wir hier weiter gefeiert:

....

DAS WAREN MEINE *Gäste*:

Glück und Segen

Was meine Gäste mir wünschen:

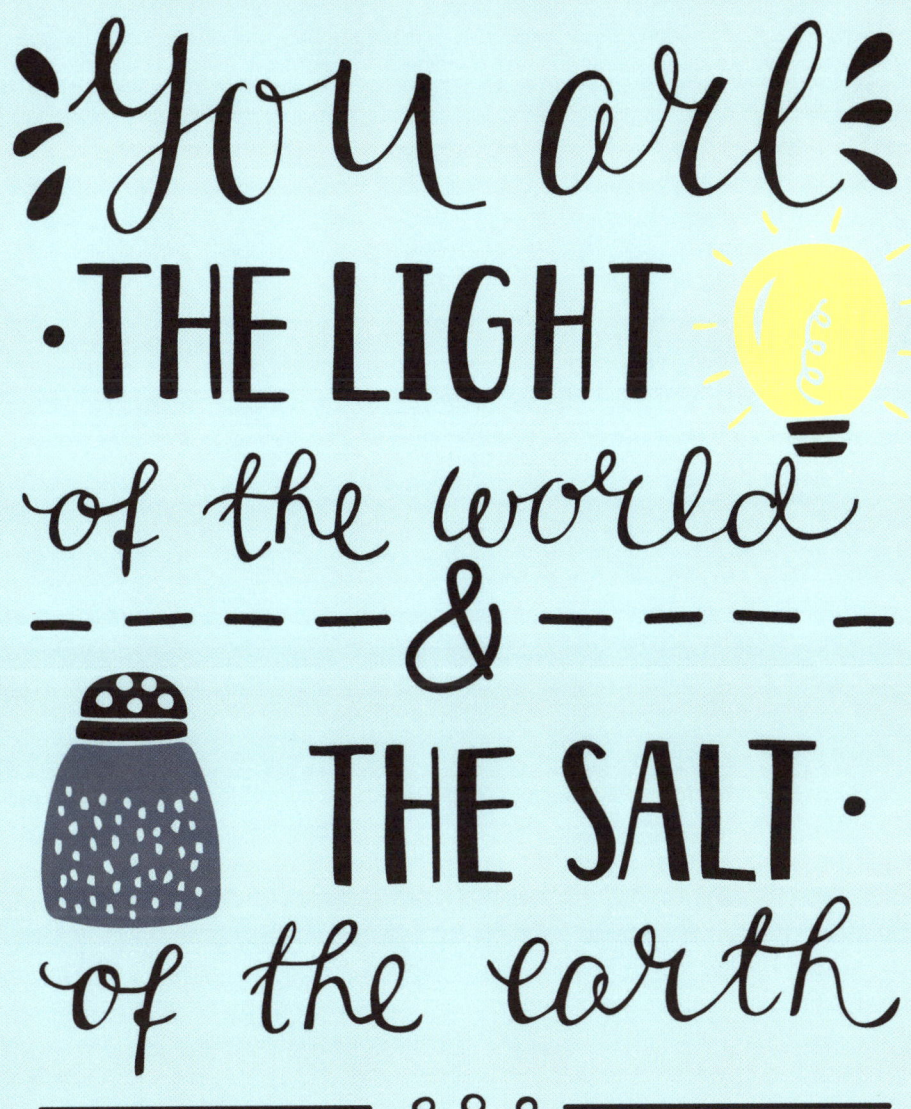

You are
THE LIGHT
of the world
&
THE SALT
of the earth

FÜR EIN BESONDERES

Erinnerungsstück

Du brauchst einen Glauben, der zu dir passt.

Die Suche lohnt sich!

Meine
Geschenke

Das habe ich zur Erinnerung an diesen besonderen Tag geschenkt bekommen:

Die Festtafel

Das
Festtagsmenü

Das war besonders schön:

....

....

Segen
für dich

GOTT, GEHEIMNIS MIT VIELEN NAMEN UND UNZÄHLIGEN GESICHTERN,
KOMME DIR ENTGEGEN, WENN DU IHN SUCHST.

GOTT, DER ALLES GESCHAFFEN HAT, ABER SELBER NICHT ZU SEHEN IST,
LASSE DICH SEINE *Nähe* ERFAHREN.

GOTT BEGLÜCKE DICH MIT DER ERFAHRUNG, DASS DU IHM VERTRAUEN KANNST,
DASS ER DICH TRÄGT, IMMER UND ÜBERALL, AUCH WENN DU MEINST ER HÄTTE DICH VERLASSEN.

GOTT STILLE DEIN HEIMWEH NACH FRIEDEN, NACH GÜTE UND *Liebe*,
UND SEGNE DICH HEUTE UND ALLE TAGE DEINES LEBENS.

Das wünsche ich mir für meine Zukunft:

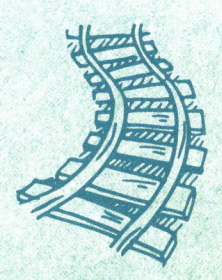

Jesus sagt:
Ich bin der Weg
und die Wahrheit
und *das Leben.*
Johannes 14,6

Texte: S. 2 aus: Hoffnung für alle®, Copyright © 1983, 1996, 2002, 2015 by Biblica, Inc.®. Verwendet mit freundlicher Genehmigung des Herausgebers Fontis.; S. 5,13,18,22,23,29,33,45,54: Georg Schwikart; S. 34, 55 aus: Lutherbibel, revidiert 2017, © 2016 Deutsche Bibelgesellschaft, Stuttgart

Illustrationen: © laplateresca (Aquarellkreis), © elinacious (Punkte-Kreise); © teploleta (Leuchtturm, Fischschwarm, Anker, Herz, Klecks, Papierflieger, Fahrrad, Luftballon, Koffer, Noten, Stift, Kamera, Schnörkel, Sterne, Augen, Feuerwerk, Fernglas, Geschenk, Tasse, Bahngleise, Heißluftballon, Globus, Blumen, Eis, Pfeile, Boot); © melita (Taube, Wellen, Bibel, Kirche, Kerze, Brote, Kelch, Weintrauben, Kreuz, Ähren); © dollitude (Quadrate, Kreise); © zzayko (Rahmen in Seiloptik); © KatyaKatya (Kreise); © red10 – (Tropfen, Schnörkel, Punkte, Zweige, Faith, Hope, Love); © FreeSoulProduction (Kompass); © Shiffarigum (Sprechblasen) – alle: stock.adobe.com; © Nicole Weidner (Linien)

Hintergrundflächen: S. 14f., 18f., 20f., 30f., 34f., 36f., 52f., 54f.: © Alex Tihonov; S. 6 f., 25, 27, 50, 51: © chinnarach; S. 16f.: © photolink; S. 32f.: © kore kei; S. 8f.: © Oscar Espinosa – alle: stock.adobe.com; S. 8, 13, 14f., 22f., 40, 45, 46f.: © happykanppy – shutterstock.com;

Motivpapiere: S. 10: © Kseniya; S. 11: © J BOY; S. 12, 28, 41: © red10; S. 23: © Afanasia; S. 26: © elinacious; S. 28: © laplateresca; S. 44: © sziszigraphics; S. 58: © maritime_m; S. 59: © Julia – alle: stock.adobe.com

Bibliografische Information der Deutschen Nationalbibliothek

Die Deutsche Nationalbibliothek verzeichnet diese Publikation in der Deutschen Nationalbibliografie; detaillierte bibliografische Daten sind im Internet über http://dnb.d-nb.de abrufbar.

Das Gesamtprogramm
von Butzon & Bercker
finden Sie im Internet
unter www.bube.de

ISBN 978-3-7666-3568-6

Überarbeitete Neuausgabe 2023

© 2021/2023 Butzon & Bercker GmbH, Hoogeweg 100, 47623 Kevelaer, Deutschland, www.bube.de
Alle Rechte vorbehalten.
Zusammenstellung der Texte: Melissa Schirmer
Umschlaggestaltung: Tanja Manden, Kevelaer, nach einem Entwurf von Werner Dennesen, Weeze
Layout und Satz: serfling.media, Leipzig